L. GERMAIN

—

NOTES DE VOYAGE

GÊNES

TURIN — MILAN

SAVONE

TOULON

TYPOGRAPHIE MICHEL MASSONE

Boulevard de Strasbourg, 56.

—

1878

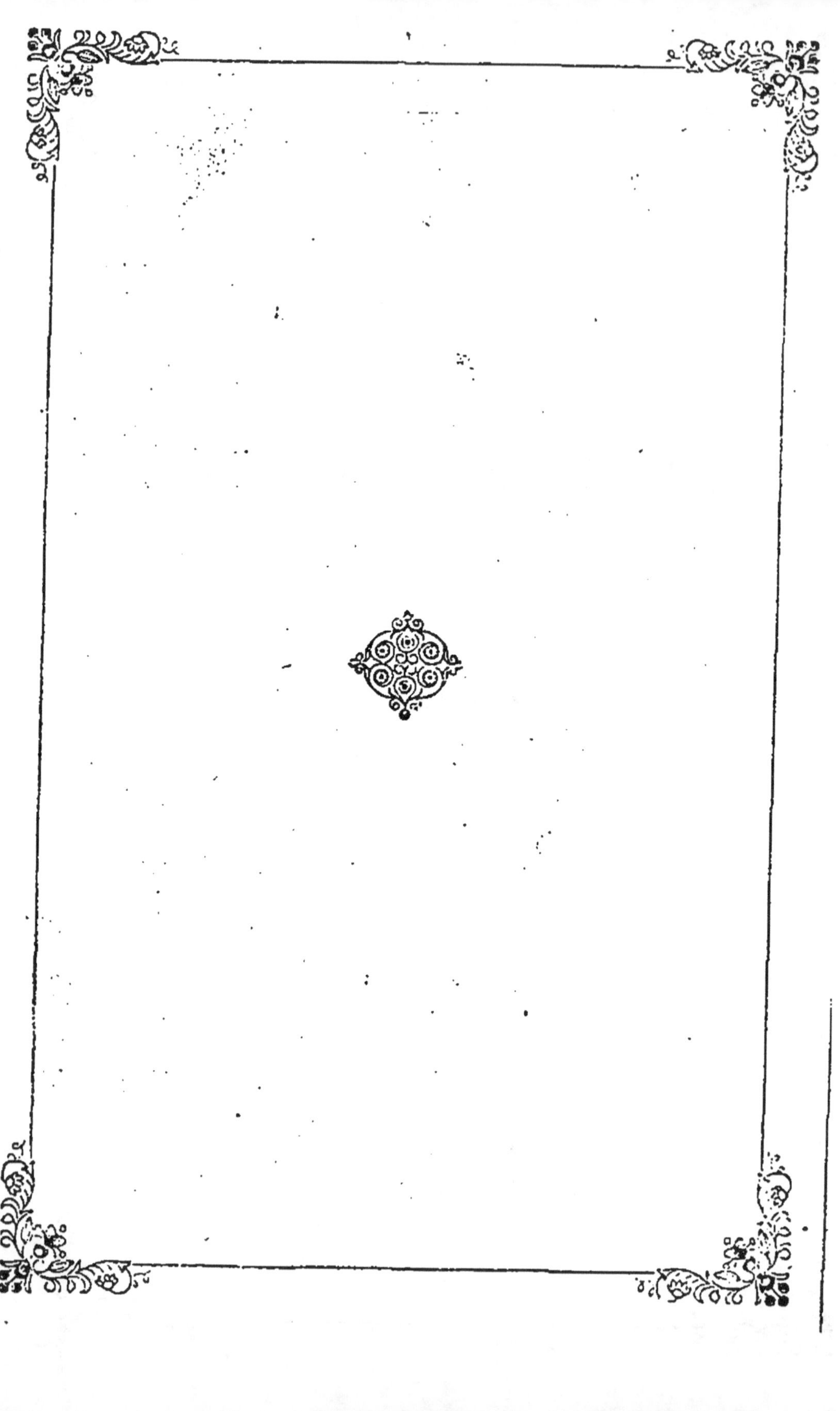

NOTES DE VOYAGE

L. GERMAIN

—

NOTES DE VOYAGE

TOULON

TYPOGRAPHIE MICHEL MASSONE
Boulevard de Strasbourg, 56.

—

1878

*Ces notes écrites pour les lecteurs du
JOURNAL DE BRIGNOLES, dont nous nous
honorons d'avoir été un des plus mo-
destes collaborateurs, ont paru en feuil-
leton dans ce journal disparu aujour-
d'hui, pour faire place à un organe
politique.*

*La politique est, paraît-il, destinée à
envahir et à absorber toutes les feuilles
littéraires, même celles des plus petites
villes. — C'est une chasse sans grace ni
merci, que fait là la politique à la littérature !... Nul ne peut dire encore ce
qu'y perdront la France et les Français.*

*Mes fidèles lectrices et mes chers lec-
teurs de feu le Journal de Brignoles me
permettront de leur dédier, comme un
dernier souvenir et un suprême hom-
mage, ces pages écrites à la hâte !...*

*Je n'ose pas leur dire que dans un
jour, peu éloigné peut-être, nous pourrons
reprendre nos chers entretiens si brusquement et si malheureusement inter-
rompus. Non ! Je ne puis que souhaiter
que le Journal de Brignoles, sous son
nouveau titre, dégoûté par les peines et
les déboires que fait subir à ses adeptes
l'inflexible politique, revienne, nouveau
fils prodigue, à sa littérature sans pré-
tention.*

L. GERMAIN.

NOTES DE VOYAGE

I

FRÉJUS

Un axiome. — Le départ. — Les *ya* tudesques. — Ce qu'était Fréjus, ce qu'il est aujourd'hui. — Ses ruines. — Les traditions que l'on y conserve. — Y a-t-il compensation ?...

Il y a quelque part, je ne sais plus où, une pensée — dont on pourrait faire un axiome — qui dit, que la femme est perfide comme l'onde !...

Pourquoi ne dirais-je pas franchement en commençant ces notes : *perfide comme un guide.*

Oui ! J'ai cru un guide, le premier qui est tombé sous ma main ; j'ai cru que la description enchanteresse qu'il faisait de cette petite ville était exacte et, de bonne foi, j'ai pris Fréjus comme premier point d'arrêt de notre voyage.

Nous partîmes de Toulon par l'express de midi quarante, et nous franchîmes les quatre-vingtdouze kilomètres qui séparent Toulon de Fréjus en compagnie de deux Allemandes et d'un Allemand.

— Mauvais, bien mauvais voisinage, n'est-ce pas? On a beau être le garçon le plus pacifique du monde, on a beau ne plus vouloir penser qu'aux jolis yeux bleus de sa femme qui vous regardent avec une douce expression amoureuse, les *ya* tudesques produisent toujours un singulier effet sur des nerfs français. Enfin, passons ou plutôt arrivons à Fréjus.

Fréjus a été une très-grande et très-importante cité... Il est vrai que c'était du temps d'Auguste ! On y comptait alors quarante mille habitants. Les légions romaines traversaient continuellement cette ville et les orgueilleuses trirèmes, entraient à toutes voiles dans son beau et vaste port.

Hélas!...

Les quarante mille habitants ne sont plus que trois mille. Les innombrables légions romaines se chiffrent par une modeste brigade de gendarmerie et le beau et vaste port, où les galères liguriennes venaient apporter leurs immenses cargaisons et leurs splendides richesses a fait place à un jardin, un tout petit jardin potager !... Les choux et les radis remplacent les ancres à cinq pattes !....

On pourrait croire, qu'étant le siége d'un important évêché, Fréjus possède une vaste et ancienne basilique ! Détrompez-vous, l'église est

antique, je vous l'accorde, mais son style est af-
freux !... Le chapitre seul sort de l'ordinaire ; ses
sculptures et ses moulures sont belles. — Le baptistère aussi est remarquable.

Les ruines romaines sont à peu près nulies! Un
aqueduc qui se détériore tous les jours, un cirque
fort mal conservé... (où êtes vous arènes de Nîmes
et d'Arles?)..., un arc de triomphe auquel une res-
tauration inhabile a enlevé tout son cachet ! On ne
répare pas, que diable, un géant de pierre avec
quelques couleurs criardes comme on fait pour un
vieux tableau !...

Fréjus n'est pas beau — c'est convenu — mais on
y conserve, paraît-il, les traditions rabelaisiennes.
— On y mange bien.

Si c'est une compensation, je la trouve maigre!..

II

ANTIBES

Sa position. — Sa garnison. — Ses remparts. — Son port. — Les
nombreuses distractions qu'y trouvent les étrangers.

———

Après Fréjus, Antibes.

Antibes, en somme, est une fort jolie petite ville
de sept mille habitants, coquettement bâtie sur
une éminence, bien au bord de la mer.

La ville est excessivement propre. Un bataillon
du 111e de ligne et deux compagnies de chas-
seurs à pied, y représentent dignement l'armée
française, car Antibes est une ville fortifiée. Des
remparts, vieux de deux siècles peut-être, l'enser-
rent étroitement, et un fort, non moins antique,
construit en étoile, sur une colline voisine, lui sert
de citadelle.

On remarque quelques ruines romaines : un
aqueduc et des tours en mauvais état. Le port est
vaste et sûr.

Malgré les agréments et les jolies promenades de la ville, on ne doit pas s'y amuser beaucoup, aussi partîmes-nous après deux heures de séjour seulement.

III

D'ANTIBES A VINTIMILLE

La gare de Nice. — Les étrangers dans le train qui les conduit
à Monte-Carlo. — Une nouvelle tour de Babel. — Caquetages.
— Vintimille. — *Avete tabaco.* — Etonnement légitime d'un
douanier italien.

La première ville que l'on rencontre après Antibes est Nice : quinze minutes d'arrêt, buffet !...

La gare de Nice est une véritable ruche d'abeilles. Quel bruit ! Quelle cohue ! Quel mouvement !

Nous n'avons pas de chance : notre train est celui que prennent les étrangers pour aller à la roulette de Monte-Carlo. Notre compartiment est assailli par une foule de messieurs aristocratiquement mis qui parlent l'anglais, l'allemand, le russe, voire même l'espagnol.

Quelle cacophonie !... Quelle tour de Babel ! Nous qui étions si tranquilles un moment avant, nous voilà maintenant avec six messieurs qui représentent peut-être six puissances étrangères.

La conversation s'engage... en français naturellement :

— Avez-vous gagné hier ?

— Non ! j'ai perdu beaucoup d'argent.

— Ah ! vous étiez à rouge ?

— Non, je m'étais entêté à vouloir le vert.

— Et c'est le rouge qui a passé vingt fois.

— Non, trente-deux fois.

— A cent francs ?

— Non, à mille.

— Et la comtesse D*** a-t-elle assez perdu ?

— Pas mal, mais le baron B*** liquide, dit-on, ses comptes.

— Allons donc, c'est un bruit que l'on fait courir... etc., etc. La conversation ne roule que sur ce sujet : trente et quarante.

Nous passons Villefranche, Eza, Beaulieu, Monaco.

Monte-Carlo : cinq minutes d'arrêt. Notre ruche se disperse... Il descend au moins trois cents personnes du train et nous restons encore seuls dans notre compartiment !

Nous arrivons enfin à Vintimille à cinq heures onze. — Une heure et quelques minutes d'arrêt, buffet, visite des bagages par les douaniers italiens.

Voici textuellement ce qui s'est passé entre un brigadier de douanes du royaume et votre serviteur :

Le Brigadier. — Signor, avete tabaco, cigari?..

Moi, *avec empressement, mais en riant.*— Si, si, signor, mangea poulenta!...

Le brigadier me regarda ahuri, me prit les mains et me les serra convulsivement.

O puissance de la pensée!... Nous nous étions compris... en ne nous comprenant pas !

IV

DE VINTIMILLE A GÊNES

Il est d'usage que, lorsqu'on n'a pas pris la précaution de se munir de victuailles, on dîne à la gare de Vintimille qui, il faut le déclarer, possède un buffet où l'on vous sert splendidement.

On peut goûter là un échantillon des crus italiens qui, à mon avis, valent bien le bordeaux frelaté que l'on vous sert dans les buffets et les restaurants français. — Et je me permettrai de vous recommander tout spécialement, si jamais vous allez en Italie, de boire à votre dessert, à Vintimille, du *vino santo*; c'est tout simplement un nectar.

On part de Vintimille à six heures trois quarts. Dans notre compartiment se trouvent un monsieur et une dame d'un âge respectable; le monsieur tente à plusieurs reprises de lier conversation avec

2

moi; malheureusement il ne connaît que quelques mots de français, je ne comprends, quant à moi, guère l'italien, je le parle encore moins... et le monsieur paraît absolument navré de ne pouvoir parler avec un *onorevole signor* tel que moi.....

— Signor, allez à Gênes?

— Parfaitement et vous?

— Andiamo à Albenga...

— Allons, tant mieux.

— Et allez visitare l'Italie?

— Si, signor, andiamo visitare l'Italia...

— Bella, bellissima contrada, etc., etc.

Nous ne nous comprenions pas toujours; alors le monsieur qui, décidément était un beau parleur se confondait en excuses et en regrets de ne pas mieux savoir parler le français, cette langue si *bella* et si *universale*, comme il disait...

Après avoir passé sous des quantités de tunnels, nous entendîmes une voix mâle qui criait:

— Albenga, cinque minute di fermata.

Le monsieur me serra les mains avec des démonstrations d'amitié tout à fait italiennes, la dame nous gratifia d'un *salute*, signora et signor, très-gracieux... et ils descendirent. Nous restâmes seuls!

Enfin!

Final-Marina, Savone, Voltri, Pegli, Cornigliano défilent sous nos yeux avec la rapidité de la vapeur

— c'est le cas ou jamais de le dire. — Nous entrons en gare de Saint-Pierre d'Arena, qui est un faubourg industriel de Gênes, et qui compte environ vingt mille habitants.

Nous passons le tunnel de la Lanterne et nous faisons notre entrée dans la gare de Gênes, qui se trouve près la place de l'Aqua Verde. Il est onze heures du soir.

La gare a un aspect animé. C'est le train de France comme disent les *facchini* (portefaix), et tout ce qui est Français est aimé par cette population ; non pas peut-être parce qu'on a l'honneur d'être Français, mais parce que l'on a la réputation, étant Français, de dépenser son argent sans le compter.

Une dizaine de facchini, vieux, jeunes, se groupent devant la portière de notre compartiment, nous tendent les bras pour enlever nos bagages, et nous débitent dans un français pittoresque, toutes sortes de noms d'hôtels !

Au milieu de ces glapissements continuels je parviens avec peine à me faire comprendre d'un homme d'un âge respectable et je lui crie...

— A la vettura dell' albergo Trombetta...

— Si Signor, répond l'individu d'une voix gutturale, et attrapant mes bagages au vol, il se fraye un passage à travers cette population qui l'accable d'invectives, et nous conduit à l'omnibus de l'hôtel, où nous arrivons enfin fatigués, brisés, moulus, mais enchantés d'être dans la ville que l'on appelait jadis: *Genova la Superba,* et qui contre-balança si longtemps la puissance de *Venezia la Bella.*

V

GÊNES

Gênes est une ville de cent cinquante mille habitants. Ses rues excessivement étroites, pavées de larges dalles de marbre et bordées de maisons ou de palais très-élevés lui donnent un cachet, un aspect tout à fait particulier.

On est presque étonné de se trouver dans ces ruelles qui ressemblent véritablement à de vulgaires coupe-gorges.

Il est, je crois, complètement inutile de s'appesantir sur l'histoire ancienne de Gênes; il suffira de dire que l'on attribue sa fondation aux Ligures en l'an 707 avant Jésus-Christ. Elle appartint aux

Romains, aux Lombards, à Charlemagne, puis, au commencement du xe siècle, elle se déclara indépendante. Elle fut ravagée par la guerre des Guelfes et des Gibelins, les familles Doria et Grimaldi, qui se disputaient le pouvoir. Elle appartint ensuite au duc de Milan, aux Français, se proclama encore indépendante et demeura en république pendant 270 ans avec la constitution que lui donna un Doria, véritable ami du peuple. En 1797, elle prit le nom de République Ligurienne ; Masséna y soutint un siége de trois mois contre les Anglais et les Autrichiens; elle appartint à la France sous le premier empire et les traités de 1815 l'incorporèrent au royaume de Sardaigne.

Gênes est une ville excessivement commerçante. Il règne dans son port un très-grand mouvement et certainement Gênes est encore la première ville de commerce de l'Italie.

Les quais de Gênes ont un aspect que n'ont pas ceux de Marseille. Les trains de marchandises circulent tout le jour le long de ces quais; des armées de portefaix les chargent, les déchargent en chantant une sorte de mélopée locale qu'ils interrompent parfois pour se disputer ou se battre, mais qu'ils reprennent bientôt, car les batailles, entre Génois, ne durent pas longtemps, vous savez pourquoi.

Ces voies ferrées sont excessivement commodes et prouvent que les Italiens n'ont pas comme les

Français cette peur inouïe d'écraser leurs semblables; nous avons vu des trains circuler à toute vitesse au milieu des promeneurs et des travailleurs sans causer d'autres malheurs que de salir fortement les vêtements de ceux qui se trouvent sur leur passage. C'est la fumée noirâtre de leurs machines qui se charge de ce soin!...

Les docks de Gênes supportent des terrasses splendides d'où l'on embrasse la vue générale du port de Gênes; ces terrasses ont douze mètres de large et sont dallées avec de magnifiques plaques de marbre blanc.

Le port franc est digne d'être visité, il est ouvert tous les jours de huit heures du matin à trois heures du soir. Les portefaix génois ou autres ne peuvent pas y travailler et l'entrée du port leur est interdite; les portefaix bergamasques de la vallée de Brembana, seuls, au nombre de deux cents, ont le droit d'y travailler. Ces portefaix privilégiés, ne craignant pas la concurrence, vendent leur *charge* très-cher.

Chose fort drôle et tout à fait particulière : les prêtres, les femmes et les militaires ne peuvent pas entrer dans le port franc sans une autorisation spéciale du directeur.

Pourquoi ?... On n'a pas pu me l'expliquer.

On recommande à tous les voyageurs d'aller voir et admirer le *Campo Santo* (cimetière de Gênes) qui est remarquablement beau. Les monuments

-funéraires sont de véritables œuvres d'art et sont tous signés des plus célèbres sculpteurs italiens. J'ai surtout remarqué une statue colossale en marbre blanc représentant le *Temps* assis sur un cercueil en marbre noir. L'effet que produit cette admirable composition est saisissant. La physionomie du *Temps*, qui, la tête penchée, regarde le sablier est très-belle. Si quelques amateurs de sculpture, lecteurs du *Journal de Brignoles*, vont un jour visiter le *Campo Santo* de Gênes, je leur recommande de dessiner l'ensemble de ce monument. Il en vaut la peine et ils n'auront pas perdu inutilement leur *temps !...*

Les églises sont fort nombreuses à Gênes. Elles sont à peu près toutes fort richement ornées ; cela leur donne un faux air de salle de spectacle qui nuit énormément à la majesté du lieu saint.

La cathédrale *San Lorenzo*, comme aspect, est splendide. La façade extérieure est revêtue de marbre blanc et noir arrangé symétriquement en assises superposées. Deux lions en marbre blanc sont placés de chaque côté de l'escalier qui conduit à la cathédrale.

L'intérieur de la basilique ne répond pas *comme style* à l'extérieur. Les styles y sont, en effet, mélangés. La coupole et les plafonds sont couverts de peintures et de dorures. La grande nef est décorée de seize colonnes en marbre blanc et noir qui supportent des arcs ogivaux surmontés d'arcades en plein cintre.

Nous avons admiré la chapelle de Saint-Jean qui est un véritable chef-d'œuvre de peinture et de sculpture. La châsse renfermant les cendres du saint est en argent ciselé.

Notre cicerone nous a affirmé qu'un pape Innocent VIII a, par une bulle, défendu l'entrée de la chapelle aux femmes, excepté un seul jour de l'année. Nous avons vu dans la sacristie de la cathédrale le vase *en émeraude* que l'on y conserve pieusement et religieusement et qui devrait être connu de tous les chrétiens : c'est le *Sacro Catino* qu'on dit avoir été trouvé en l'an de grâce onze cent un, à la bataille de Césarée, en Palestine. La tradition prétend que ce vase est un présent que fit la reine de Saba à Salomon et que Jésus-Christ avec ses disciples y mangea l'agneau pascal.

L'Annunziata est l'église la plus belle et la plus célèbre de Gênes. Elle doit ses richesses et sa magnificence à la noble famille des Lomellini. Sa façade est ornée de colonnes cannelées, en marbre blanc : il est vraiment regrettable que cette façade par une circonstance, probablement imprévue, ne soit pas achevée.

La nef et la coupole sont entièrement dorées, les voûtes sont couvertes par des fresques aux tons fort criards, qui n'embellissent pas du tout cet édifice. Nous avons remarqué dans cette église le tombeau du duc de Boufflers, sévère et grandiose monument qui date de 1747.

Nous n'avons pas pu visiter l'église Santa Maria di Carignano élevée sur le modèle de Saint-Pierre de Rome, bâtie tout près du pont de Carignan qui relie deux collines et qui est un chef-d'œuvre de construction.

Les palais de diverses familles nobles de Gênes sont de véritables merveilles de décoration.

Le palais Doria fut richement décoré, il est laissé maintenant dans un état d'abandon presque absolu. Le palais Brignole-Sale, demeure d'une des plus anciennes familles nobles de Gênes, est un des plus riches en tableaux. Nous y avons remarqué une *Assomption* qui est, dit-on, attribuée au Corrége.

Le théâtre Carlo Felice — encore une merveille d'architecture, — est un des plus vastes de l'Italie; il peut contenir trois mille personnes.

La principale promenade de Gênes est l'Aqua Sola, construite en partie sur les vieux remparts; il y a aussi une autre promenade, l'Aqua Verde qui s'étend devant la gare. Au milieu de la place de l'Aqua Verde se dresse la statue colossale en marbre blanc de Christophe Colomb.

Les étrangers vont admirer à Pegli, la villa Pallavicini qui est une véritable curiosité. Le palais et les diverses constructions du parc sont en marbre blanc de Carrare. Le marquis Pallavicini, a, paraît-il, sacrifié..... ou englouti *dix millions* dans cette villa !...

Les Italiens et les Génois disent que le marquis a créé un chef d'œuvre. — Soit! mais dix millions rapportent cinq cent mille francs par an !... et je trouve—à tort peut-être — que ces cinq cent mille francs que l'on touche annuellement représentent aussi une œuvre d'art incomparable... et que je les préférerais de beaucoup à la villa !...

VI

DE GÊNES A TURIN

Nous voilà encore en chemin de fer après avoir
dit, non un éternel adieu, mais un prochain au
revoir à la République génoise.

Eh! mon Dieu, oui! nous allons à Turin, la
vieille capitale du royaume du Piémont et de Sardaigne, et, ne l'oublions pas, le siége de la fabri-
cation de cet excellent apéritif que nous prenons si
volontiers avant nos repas.

Ce n'est en somme qu'une promenade de cent
soixante-cinq kilomètres que nous ferons en cinq
heures... à moins que notre machine n'éclate.

Tiens... nous voici déjà à San Pier d'Arena, le
principal faubourg de Gênes, Rivarolo, d'où l'on
aperçoit encore, sur les hauteurs, l'enceinte fortifiée de Gênes... puis Ponte Decimo; là, notre

cheval de feu — pour parler comme les poëtes — se met à souffler bruyamment : c'est que nous avons de huit à dix pour cent de montée... On nous met à la queue du train, une locomotive de renfort.

Figurez-vous donc ! La gare de Gênes est à peine à *seize* mètres au dessus du niveau de la mer et Busella qui est le point culminant de la montée en est à *trois cent soixante et un* mètres !... La ligne de Gênes à Turin est, paraît-il, la voie ferrée la plus hardie que les ingénieurs aient jamais construite en Europe !... Et cet honneur revient en entier aux ingénieurs sardes !...

Nous entrons sous le tunnel *dei Giovi*, le plus long de toute la ligne ; il a environ trois mille cinq cents mètres. Nos machines font de plus en plus entendre le bruit strident de leur piston : la montée est de trente-cinq pour cent.

Nous arrivons à Busella, notre cheval, pardon, notre locomotive de renfort nous quitte.

A Ronco, les yeux des voyageurs sont attirés par des amas de gros rochers jetés aux pieds des talus du chemin de fer !... c'est une protection efficace contre les empiètements et les débordements du torrent de la Scrivia.

Pour donner à mes lecteurs une idée de ce qu'est cette voie ferrée, je vais leur citer les travaux que l'on a dù exécuter sur une largeur assez restreinte.

De Ronco à Arquata, deux villages séparés seulement par *quatorze* kilomètres, il faut franchir un pont de cinq arches, un pont oblique de quarante-cinq degrés, de trois arches, le tunnel de Villavecchia, long de cinq cents mètres, un pont oblique de trois arches, le tunnel de Graverino, long de huit cent soixante mètres, un pont de deux arches, un viaduc de deux cent trente mètres de longueur sur vingt-cinq mètres de hauteur. Après la gare de *Isola del Cantone*, on franchit deux ponts d'une seule arche de quarante mètres d'ouverture, un pont oblique de trois arches, un autre pont d'une seule arche de quarante mètres, un viaduc élevé sur le torrent même de la Scrivia, long de trois cents mètres et haut de trente, le tunnel de Piétra Bissara, d'une longueur de six cent quatre-vingts mètres, on traverse une ravine sur un remblai de trente mètres et l'on arrive à Arquata !...

Et tout cela pour parcourir quatorze kilomètres !..

Hein ! que dites-vous de ces hommes qui, par leur hardiesse et leur industrie sont parvenus à circuler et à se mouvoir librement au milieu de ces énormes difficultés amassées par la nature et qui semblaient braver impunément leur courage et leur audace. Avouez avec moi qu'il fallait l'opiniâtreté bien connue des Piémontais pour vaincre tous ces obstacles !...

C'est un peu avant d'arriver à Arquata que l'on

aperçoit pour la première fois les neiges éternelles du mont Rose!...

On passe à Novi, lieu d'une bataille célèbre mais malheureuse, où les Français furent vaincus par les Austro-Russes, c'est à Novi que fut tué le général Joubert.

On aperçoit à droite, le village de Marengo, où se livra une bataille sanglante, revanche de Novi, mais où nous perdîmes le général Desaix.

On s'arrête quinze minutes à la gare d'Alexandrie, ville forte de cinquante mille habitants, une des clefs de l'Italie.

On laisse Asti, renommée par son vin que l'on appelle le champagne italien. On salue — si l'on veut — Villafranca, petit village qui doit sa célébrité au traité de 1859... et peu après on entre en gare de Turin.

VII

TURIN

La ville probablement la mieux bâtie de toute l'Italie, possède un véritable air de capitale.

Deux mots d'histoire en commençant, si vous le voulez bien. La fondation de Turin est attribuée aux Taurini, Liguriens d'origine... Annibal assiégea la ville, César lui donna le nom de *Colonia Julia* qu'Auguste changea en celui de *Auguste Taurinarum;* les Lombards y régnèrent, Charlemagne les en chassa et donna Turin au marquis de Sure... puis au xv⁰ siècle, Turin fut réunie au duché de Savoie, sous le règne d'Amédée VIII. De là a daté la réunion de la Savoie et du Piémont, malgré les hautes montagnes qui séparent ces deux pays.

Turin soutint deux siéges contre les Français... Au second siége, un simple pionnier du génie, Pietro Micca, à qui on a élevé une statue en bronze, fit sauter la citadelle au moment où les Français entraient dans la ville.

Turin, devint sous l'empire français le chef-lieu du département du Pô. La population de l'ex-capitale du Piémont est d'environ deux cent vingt mille habitants. Les rues de Turin sont coupées à angle droit et tirées au cordeau, ce qui donne à cette ville un aspect tout à fait grandiose.

Le palais royal n'a rien d'extraordinaire comme façade extérieure, une grille est devant la cour d'honneur ; de chaque côté de l'entrée se trouvent les statues équestres de Castor et de Pollux.

Notre victoria pénètre au trot dans la cour et s'arrête devant un vaste corridor...

Un suisse d'une taille athlétique, vêtu à la livrée or et rouge du roi d'Italie, s'avance gravement vers nous, nous ouvre la portière, nous aide à descendre, et après avoir demandé notre carte de visite, nous précède gravement en faisant raisonner sa hallebarde sur les dalles de marbre... Nous arrivons au pied d'un escalier monumental ; le suisse entre dans une espèce de petite salle qui doit être un bureau, en ressort, nous salue en portant la main à son claque orné d'une plume blanche et, nous montrant l'escalier, nous fait signe de monter... Nous exécutons l'ordre muet; devant nous se dresse la statue équestre du duc Victor-Amédée Ier, cette statue est connue sous le nom de *Cheval de Marbre*; la statue du duc est en bronze!

Arrivés au premier étage nous poussons une porte, et un monsieur, cravaté de blanc, correctement vêtu d'un habit noir, nous salue et nous dit, d'un ton sentencieux, que nous sommes dans la salle d'attente!... Ce même monsieur, que je prenais pour un personnage important et qui n'est décidément qu'un *camerière* du palais nous fait visiter ensuite la salle des gardes, la salle des pages, la salle du déjeuner, la salle de l'alcôve, la salle des ministres, la splendide et monumentale salle du trône, la salle à manger, la salle de bal, qui sont des merveilles de décoration. Nous avons remarqué dans ces diverses salles quelques tableaux représentant des épisodes de la guerre de 1859. Dans tous ces tableaux l'armée française n'était uniquement représentée que par des zouaves. J'en fis la remarque au guide qui me répondit : Notre roi était caporal de zouaves, il a protégé son régiment!.....

A côté du palais du roi se trouve la chapelle du Saint-Suaire qui est un étrange chef-d'œuvre d'architecture. Elle est due au génie du révérend père

Guarini, de l'ordre des Théatins. La chapelle est en forme de rotonde environnée de colonnes de marbre noir poli, avec base et chapiteau en bronze doré. La coupole se termine par une série de voûtes hexagones posées les unes sur les autres. L'autel en marbre noir porte la châsse qui renferme le Saint-Suaire.

Les Turinois affirment que le Saint-Suaire qu'ils possèdent, qui fut porté d'Orient au XIVᵉ siècle et donné par une jeune fille noble à Louis de Savoie, est le seul vrai et authentique linceul qui ait enveloppé le corps de Jésus-Christ... Néanmoins le sacristain qui nous servait de guide nous a dit fort bénévolement que l'église Saint-Pierre à Rome, en possédait un, et que les villes de Besançon et de Cadouin, en France, en possédaient chacune un, qu'elles sortaient processionnellement les jours de grande fête!.

Cela fait donc *quatre* suaires pour un corps!... Quel est le bon, le vrai, le saint?...

Entre les quatre arcs de la chapelle se trouvent les tombeaux de quatre princes de la maison de Savoie, Amédée VIII, Emmanuel-Philibert, Thomas de Carignan (souche de la branche régnante) et Charles-Emmanuel ; on voit aussi le tombeau de la reine Marie Adélaïde, épouse de Victor-Emmanuel.

De la chapelle du Saint-Suaire, on aperçoit, par

un vitrage, l'intérieur de la cathédrale de Turin, San Giovani, dans laquelle on descend par deux escaliers de quinze marches.

Cette cathédrale a été bâtie, parait-il, sur les ruines d'une église lombarde du viie siècle : il n'y a rien de remarquable dans l'intérieur; on y voit une copie de la scène de Léonard de Vinci, et deux statues en marbre, sainte Thérèse et sainte Christine, qui sont signées du sculpteur français Legros. L'autel est en marbre précieux.

Turin, vous ne le croirez peut-être pas, renferme *cent dix églises*...et notre guide nous a affirmé que l'on en construisait encore !...

En présence de cette avalanche d'églises et ne sachant comment faire pour visiter les principales, nous avons pris la sage résolution de nous en tenir à la chapelle du Saint-Suaire et à la cathédrale !...

En sortant de l'église San Giovanni nous nous dirigeons vers le musée des Armures, un des musées les plus célèbres d'Europe.

En entrant, on voit un admirable groupe en marbre, représentant saint Michel... Plus loin, on admire une selle et des harnais, donnés en 1860 à Victor-Emmanuel, par les dames de Bologne. Puis tout-à-coup, se dresse devant vous un cheval dans une pose pleine d'ardeur. C'est la dépouille de la noble bête que montait l'intrépide roi Charles-

Albert à la malheureuse bataille de Novare, après laquelle il abdiqua en faveur de son fils Emmanuel.

On conserve dans ce musée l'armure d'Emmanuel-Philibert, duc de Savoie, qui fut surnommé *Téte-de-Fer* et qui épousa la sœur du roi de France, Henri II; on y voit un bouclier ayant appartenu à Henri IV; une armure d'environ deux mètres de haut que portait un écuyer de François Ier à la bataille de Pavie; l'épée que portait le général Bonaparte à la bataille de Marengo et enfin une aigle romaine assez bien conservée, de la VIIIe légion.

Cette collection splendide d'armes et d'armures est sans rivale au monde, aussi les Turinois en sont-ils fiers. La collection vient de s'enrichir depuis peu de l'épée de Victor-Emmanuel.

Le musée égyptien, situé dans le palais des Sciences, est encore un des plus beaux qui existent au monde. Le guide nous a dit que ce musée avait été formé en Egypte par un consul français, mais que le musée du Louvre de Paris avait, par économie, refusé de l'acheter. Il ne nous appartient pas à nous, simple touriste, de qualifier cette action. Le roi Charles-Félix, nature excessivement artistique profita de la maladresse du ministre français et acheta à un prix fou cette magnifique collection.

Nous y avons remarqué les statues colossales de Jupiter Ammon et de quelques rois d'Egypte entre autres celles d'Aménophis et de Sésostris. Ces statues sont d'un seul morceau de granit rouge ou vert.

Nous y avons admiré aussi la *table isiaque* (1) en bronze, qui fut si souvent perdue et retrouvée et qu'on porta à Paris en 1797.

La galerie royale des tableaux occupe quinze salles ; c'est encore une des galeries célèbres d'Europe. Nous renonçons à donner un aperçu des maîtres de toutes les écoles qui y sont représentés par leurs œuvres, il nous suffira d'indiquer quelques-uns des tableaux les plus renommés et les plus appréciés. Les *Trois Grâces*, tableau remarquable de Bembo ; la *Madeleine lavant les pieds du Christ*, de Paul Véronèse, acheté cent mille francs par le roi Charles-Albert ; les *Enfants de Charles Ier*, par Van Dyck ; la *Vierge au rideau*, de Raphaël ; la *Sainte-Famille*, de Rubens, une des principales toiles du Musée.. etc., etc...

On visite aussi dans le palais des Sciences, le cabinet de Minéralogie, un des plus estimés d'Europe, la collection zoologique, la collection numismatique et le musée d'Antiquités où l'on voit une tête colossale creuse de Junon, dans laquelle se cachait le prêtre qui parlait pour la statue, une

______

(1) Table en cuivre ou en bronze sur laquelle étaient gravés les mystères d'Isis.

petite Pallas, un Cupidon, des vases étrusques et des amphores phéniciennes...

Le théâtre royal a été construit sur les plans du comte Alfieri; il est situé sur la place du Château et attenant au palais royal. Il peut contenir deux mille cinq cents personnes. Il y a *six rangs* de loges uniformes; la loge royale est en face de la scène; elle était tendue de *velours rouge* (c'est le deuil de la maison de Savoie) lorsque nous avons assisté à une représentation — *la Traviata* — à ce théâtre dont la troupe lyrique et l'orchestre sont excellents.

Turin possède une Université renommée, située dans la rue du Pô. La cour est entourée de portiques ornés d'inscriptions latines et grecques. Les diverses Facultés sont fréquentées par environ deux mille étudiants. Cette Université possède une bibliothèque renfermant plus de deux cent mille volumes et de trois mille manuscrits ! .. Comme vous le voyez, c'est une Université où les étudiants ne peuvent pas invoquer le manque de livres pour excuser leur paresse !...

VIII

TURIN ET SES ENVIRONS

Turin renferme de fort belles places toutes ornées
des statues des hommes célèbres du Piémont. Il
paraît que nos voisins ont le culte du souvenir, et
qu'ils savent témoigner leur admiration à leurs
compatriotes qui, par leur intelligence, leur travail,
leur patriotisme ou leur génie ont conquis une
place dans le livre d'or de leur pays.

La plus grande place de Turin est la place du
Château, située dans le plus beau quartier. Les
trois plus belles rues de Turin viennent aboutir à
cette place. Ce sont la rue du Pô, longue de sept
cents mètres ; la rue Dora Grossa, longue de onze
cents mètres, et la rue de Rome.

Au centre de cette place, qui est longue de deux

cent vingt-cinq mètres et large de cent soixante-six, se trouve le palais Madame où siégeait jadis le Sénat piémontais. Devant le palais se trouve une statue en bronze, représentant un soldat piémontais tenant le drapeau national ; c'est un monument élevé par les Milanais à l'armée piémontaise.

La place Saint-Charles est beaucoup plus régulière que la place du Château. Au milieu on voit la magnifique statue équestre d'Emmanuel-Philibert, revêtu de son armure et remettant son épée au fourreau.

Cette statue est l'œuvre du sculpteur Marochetti et a été fondue à Paris ; l'artiste a copié fidèlement l'armure qui se trouve au musée des Armures et qui a appartenu au duc.

Au milieu de la place Charles-Félix, qui s'étend devant la gare centrale, se trouve la statue en bronze de Massimo d'Azeglio ; un peu plus loin, sur un des côtés de la même place, s'élève la statue du mathématicien Lagrange.

Les Turinois n'ont pas manqué d'élever un monument au grand ministre Cavour. Ce monument grandiose se trouve au milieu de la place Charles-Emmanuel. La statue représente Cavour debout tenant une feuille de parchemin sur laquelle est écrit : L'ÉGLISE LIBRE DANS L'ÉTAT LIBBE. Aux pieds de Cavour, on voit l'Italie à genoux, qui lui offre une couronne. Une autre statue de Cavour est à la Bourse, rue Alfieri.

Lorsqu'on est à Turin, il est d'usage d'aller visiter la *Superga*, lieu de la sépulture des rois de Piémont et de Sardaigne, élevée sur une colline en face de Turin.

Le trajet de Turin est de sept kilomètres; on fait cela en une heure et demie avec deux bons chevaux.

Au haut de la colline s'élève la basilique dédiée à la Vierge, à laquelle on arrive par un escalier monumental.

Un suisse, à la livrée rouge et or de Savoie, vous introduit tout comme dans le palais du Roi. En effet, la Superga n'a-t-elle pas été construite pour être la demeure dernière des princes de Savoie ?...

La Superga date de 1717. Les souterrains où reposent ceux qui furent des rois, sont disposés en forme de croix. Au centre, s'élève le tombeau où le corps du dernier souverain est déposé en attendant que le souverain régnant vienne prendre sa place... Actuellement, c'est Charles-Albert qui repose dans ce tombeau... Et Victor-Emmanuel qui aurait dû prendre sa place est enterré au Panthéon de Rome. Les tombeaux les plus remarquables sont ceux de Victor-Amédée II et de Charles-Emmanuel III.

On jouit d'une vue panoramique *superbe* — c'est le cas de le dire — du haut de la Superga. A vos pieds coule le Pô, un des plus grands fleuves de l'Italie, plus loin, on voit la Doire qui se jette dans le Pô un peu au-dessus de Turin; à l'horizon, on aperçoit l'imposante chaîne des Alpes et la cime élancée du mont Rose.

Victor-Amédée II, le fondateur de la Superga, et le premier duc de Savoie qui prit le titre de roi de Sardaigne, a voulu, en élevant ce lieu de sépulture, que les princes de sa maison, de leur dernière demeure, dominassent encore la plus grande partie de leur ancien royaume !...

IX

DE TURIN A MILAN

On peut aller de Turin à Milan par deux voies différentes : ou par l'embranchement d'Alexandrie ou par Vercelli et Novare ; nous avons préféré cette ligne qui, du reste, est la plus directe. Le trajet se fait en quatre heures et demie.

On part de Turin par la gare de Portasuza, on franchit deux torrents dont nous n'avons pu savoir le nom. — On peut encore admirer pendant quelque temps la colline et l'église de la Superga qui se découpent dans l'azur du ciel.

On passe quelques petits villages et on arrive à Chivasso, ville très-ancienne, où résidèrent les ducs de Montferrat ; on voit peu après Chivasso, le canal de Cavour qui relie le Pô au Tessin et qui se déroule sur un parcours de quatre-vingt-deux kilomètres, en arrosant les plaines immenses de la Lomellina.

Un peu avant d'arriver à Torazza, nous apercevons à gauche de la voie les ruines de l'antique ville d'Industria, découverte en 1745. Entre les stations de Torazza et de Tronzano, on voit le mont Rose, dans toute son éclatante splendeur.

On s'arrête dix minutes à Vercelli, ville d'environ vingt mille habitants, que l'on peut parfaitement visiter entre l'espace de deux trains. Mais nous n'avons pas eu cette curiosité. Dans la plaine qui s'étend autour de la ville, Marius défit les Cimbres vers l'an 650 de Rome!...

De Vercelli à Milan, la route est excessivement monotone; ce n'est pas précisément la monotonie agaçante de la plaine de la Crau d'Arles, mais il s'en manque peu!... De chaque côté de la voie s'étendent, à perte de vue, d'immenses plaines qui prenaient déjà l'aspect de vastes marais; ce ne sont que rizières, et on sait que le riz ne réussit que dans l'eau. C'est la seule culture sérieuse des habitants de ces contrées infortunées. Les plaines sont sillonnées de canaux, de torrents, de rivières qui coulent été comme hiver!.

On arrive à Novare, ville de vingt-cinq mille habitants; on remarque une tour ronde très-haute, que l'on nous a dit être le clocher de l'église San

Gaudenzio. Novare est célèbre par la bataille que livra Charles-Albert aux Autrichiens en 1849, bataille où il fut vaincu. C'est de Novare que date la renommée militaire du roi Victor-Emmanuel.

On passe le Tessin sur un pont de onze arches qui fut commencé par les Français ; un peu après, on voit dans le lointain, le village de San Martino où, en 1859, eut lieu une bataille entre les armées piémontaise et autrichienne, bataille qui dura tout une journée et où l'armée piémontaise, sous le commandement de Victor-Emmanuel, fit preuve d'un intrépidité et d'un héroïsme qui s'explique facilement quand on pense que ces troupes luttaient pour l'honneur et l'indépendance de l'Italie.

On aperçoit le village de Turbigo que, dans la même campagne, les turcos emportèrent à la bayonnette, et au pied duquel le maréchal Mac-Mahon traversa le Tessin, avec son corps d'armée.....

On arrive peu après en gare de Magenta, célèbre par la bataille que livra Napoléon III aux Autrichiens et qui, sans le secours de Mac-Mahon, eût été perdue pour nos armes.

Il est parfaitement inutile de faire, dans ces notes, un récit, quelque court qu'il soit, de cette sanglante mais glorieuse bataille — un des derniers trophées de l'armée française qui depuis... hélas!... — Un peu avant l'arrivée du train,

presque en entrant en gare, on voit, à gauche de
la voie, un monument élevé à la mémoire du général Espinasse, non loin, dit-on, de l'endroit où i
fut mortellement blessé...

Cette bataille fut une véritable lutte de géants
car elle fut perdue et gagnée plusieurs fois. Les
zouaves se couvrirent là d'une gloire immortelle.
Nous renvoyons ceux de nos lecteurs qui vou-
draient lire le récit de cette bataille aux *Campa
gnes de mon temps*, livre intéressant de Louis Noir
qui, dans un style imagé, a raconté les diverses
péripéties de cette lutte à laquelle il assistait,
croyons-nous, comme soldat au 2me zouaves.

On voit aussi au pied du talus de la voie ferrée,
une quantité de croix qui marquent la place où
des soldats français ont été inhumés.

Après Magenta, on passe les petits villages de
Vittuone et de Rhò et on entre dans la gare monumentale de Milan.

X

MILAN

Son histoire en quelques lignes. — Sa population. — La galerie
Victor-Emmanuel et sa petite locomotive. — L'arc du Simplon.
— L'arène de Napoléon I⁰ʳ. — Le cimetière. — L'incinérateur.
— Faut-il être riche.

Milan est une ville fort ancienne, qui fut presque détruite par Attila. Elle appartint de 1378 à 1535, aux Visconti et aux Sforza; puis fit partie de l'empire de Charles-Quint jusqu'en 1700, passa à cette époque à la maison d'Autriche qui la posséda jusqu'en 1796. Milan devint alors le chef-lieu de la république cisalpine, elle retourna encore après à l'empire français, puis à l'Autriche qui en fit la capitale du royaume de Lombardie. Après la guerre de 1859, Milan et la Lombardie furent données par l'empereur d'Autriche à Napoléon III, qui les remit au roi Victor-Emmanuel. Milan compte environ deux cent cinquante mille habitants.

Nous logeons sur le cours Victor-Emmanuel et naturellement notre première visite est pour le Dôme. Nous ferons sur cette cathédrale un chapitre à part; il est évident que cet édifice splendide, demanderait un fort volume, pour être décrit entièrement, mais nous tâcherons dans le chapitre que nous lui consacrerons, d'indiquer à grands traits les principales merveilles qu'il renferme, en renvoyant les curieux à un ouvrage spécial.

Les rues de Milan rappellent vaguement celles de Toulon; elles serpentent toutes en cercles inégaux autour du Dôme.

La galerie Victor-Emmanuel relie la place du Dôme à celle du théâtre de la Scala. Cette galerie, passage vitré, large comme une rue, et haute d'environ trente-cinq mètres, forme une croix au milieu de laquelle s'élève une coupole haute de cinquante mètres : nous avons assisté le soir à l'allumage des deux mille becs de gaz qui éclairent cette galerie ; c'est une petite locomotive qui se charge de ce soin et qui fait son service avec une régulière ponctualité.

On construisait à l'époque où nous avons visité cette galerie, l'entrée monumentale de la place du Dôme.

Le magnifique Arc du Simplon doit être visité par tous les Français. Ce monument construit tout en marbre a été commencé en 1807, par les ordres de Napoléon Ier. Au faîte de l'Arc se trouve la statue allégorique de la Paix sur un char attelé de six chevaux. C'est par cette porte que les Français, après la bataille de Magenta, firent leur entrée dans Milan, ayant à leur tête l'empereur des Français et le roi d'Italie.

Non loin de l'Arc-de-Triomphe, nous avons admiré l'Arène dont la construction fut ordonnée par Napoléon Ier. Cet amphithéâtre est de forme elliptique. Il peut contenir parait-il, *trente mille personnes*. Un euripe (1) fait le tour de l'arène et peut être rempli d'eau en un jour. Napoléon assista en 1807 à des régates qui furent données en son honneur dans cet amphithéâtre transformé en naumachie (2) !...

Le cimetière monumental est à voir. Au milieu se dresse un édifice splendide, c'est la chapelle à laquelle on arrive par une vingtaine de degrés. Sous la chapelle on aperçoit les caveaux dans lesquels sont rangées les urnes contenant les cendres des personnes qui se font incinérer ; à Milan l'incinération a fait de grand progrès ; on brûle environ une dizaine de personnes par semaine.

Le monument destiné à l'incinération s'élève à l'extrémité du cimetière et a à peu près l'aspect

(1) Sorte de canal que l'on creusait dans les cirques, pour pouvoir y faire des courses nautiques.

(2) Spectacle d'un combat naval. — Se disait aussi du lieu où se donnait le spectacle.

d'un temple grec. Au milieu se dresse un tombeau de forme allongée ; c'est le four. Ce four n'est autre qu'un vaste gril composé d'environ cinq cents becs de gaz.

Nous avons assisté à l'incinération du corps d'une femme. On étend le cadavre sur ce gril, on ferme le four, les becs de gaz s'allument par un procédé particulier et on attend. Au bout d'environ deux heures, on ouvre le four, et on recueille les cendres qui sont tombées sur une tôle placée au dessous du cadavre.

En France, le pays, dit-on, de la lumière, on n'est pas encore arrivé à élever des incinérateurs dans les cimetières des villes. Nous croyons cependant que ce procédé ne *chômerait* pas trop.

En somme l'incinération nous paraît être beaucoup plus propre et beaucoup plus morale, que l'enfouissement répugnant que nous faisons subir à nos morts.

Les monuments funéraires qui s'élèvent dans le cimetière sont à peu près dans le même style que ceux du *Campo Santo* de Gênes. Nous avons remarqué un monument représentant la porte d'un tombeau ; sur le seuil et poussant la porte se dresse une statue de grandeur naturelle, en marbre blanc, d'une femme, le grand voile de veuve rabattu sur la figure et tenant par la main un jeune enfant !...

Il faut vraiment avoir une fortune colossale, pour dépenser de cinquante à soixante mille francs, à la seule fin de faire croire aux bonnes gens que le mort que l'on pleure est *cher* à ceux qui l'honorent ainsi!...

XI

LE DOME DE MILAN

———

Cette basilique, toute construite en marbre blanc,
est peut-être la plus belle, la plus vaste et la plus
grandiose qui existe dans le monde entier. C'est
une des merveilles édifiées par l'amour de la reli-
gion catholique!...

Elle est beaucoup plus grande que Notre-Dame
de Paris, car, de la grande porte à l'autel, elle mesure, nous a dit le guide, cent quarante-huit mètres. Notre-Dame de Paris ne mesure que cent
vingt-six mètres!... que nous nous promettons
bien d'aller mesurer un jour, pour voir si le sacristain ne nous a pas trompés!...

Le Dôme a cinq nefs qui ont quatre-vingt-sept

mètres de large, la hauteur de la grande nef est d'environ cinquante mètres et la hauteur totale de l'édifice doit excéder probablement cent dix mètres !... Mes lecteurs me demanderont sans doute quel est l'architecte qui m'a donné ces renseignements précis. Eh mon Dieu ! c'est tout bonnement le jeune abbé sacristain qui nous servait de guide.

Cette remarquable église a été commencée en 1386, par Jean Visconti, duc de Milan, et n'est pas, à l'heure qu'il est, entièrement terminée !... Et elle ne le sera probablement jamais, nous dit le guide.

Le style de cette cathédrale ne peut pas être défini, il y a du gothique, de l'ogival, du roman, de la renaissance... etc., etc... Chaque architecte, et Dieu sait s'il y en a eu, a tenu à y mettre un peu du sien... ce qui fait que les purs amateurs du beau et du style trouvent que, malgré les incontestables beautés que le Dôme renferme, il n'en est pas moins un *énorme et vulgaire pâté !...*

Nous, qui ne nous piquons pas d'être un pur, nous nous sommes contenté de trouver ce monument une des choses les plus merveilleuses et les plus hardies que nous ayons jamais vu et admiré de notre vie.

L'extérieur de la basilique offre un coup d'œil féerique; ce ne sont que clochetons, pyramides et statues, on en compte, paraît-il, six mille qui forment la seule et véritable histoire de l'art Lombard à toutes les époques.

Le guide vous fait d'abord visiter les terrasses du Dôme. Pour arriver au sommet de la pyramide centrale d'où l'on embrasse la vue générale du Dôme, il faut monter *quatre cent quatre-vingt-quatorze* marches!... Comme les visiteurs pourraient croire que ce chiffre est absolument fabuleux les guides ont le soin de vous faire remarquer que, toutes les cinq marches, des numéros indiquent le nombre que l'on en a franchi.

Le *toit* de la cathédrale, si toutefois nous pouvons nous exprimer ainsi, est absolument remarquable. Les escaliers, les aiguilles, les tourillons, les tours, les pyramides se mêlent et s'entremêlent On est ébloui par les reflets du soleil sur le marbre. On remarque une statue d'Adam qui, selon les connaisseurs, est un chef-d'œuvre de sculpture. On jouit du haut de la pyramide centrale, d'une vue splendide sur les plaines de la Lombardie, les Alpes, les hautes montagnes du Tyrol et les Apennins.

En redescendant, on trouve dans l'intérieur de la basilique, le tombeau de Jacques de Médicis, dont le dessin est, dit-on, dû à Michel-Ange ; plus loin, sont les tombeaux en marbre rouge des archevêques Othon et Jean Visconti.

Nous avons vu dans la sacristie une partie des

trésors de la cathédrale, dont les plus remarquables pièces sont les statues, en argent massif, de saint Ambroise et de saint Charles, un devant d'autel, encore en argent massif, et une statue de la Paix, en or massif.

Nous avons visité la chapelle souterraine de saint Charles Borromée. Cette chapelle est toute petite et n'est remarquable que par ses ornements et ses ciselures toutes en argent massif. Le corps de saint Charles est conservé dans un cercueil d'argent massif avec moulures en vermeil, que les visiteurs peuvent faire ouvrir moyennant une redevance de cinq francs; on aura une idée de la splendeur de cette chapelle, lorsqu'on saura qu'elle a coûté la bagatelle de *quatre millions* de livres.

On montre aussi un candélabre à sept branches, qui est un monument curieux de l'orfévrerie du moyen âge. Ce candélabre se nomme, nous ne savons trop pourquoi, l'arbre de la Vierge.

Le baptistère de la cathédrale est remarquable La cuve est en porphyre. Le sacristain nous a affirmé qu'elle appartenait aux thermes de Maximien Hercule.

Et voilà, esquissés à grands traits, les principaux chefs-d'œuvre que possède cet autre chef-d'œuvre que l'on nomme le Dôme de Milan.

XII

ENCORE MILAN

———

Après avoir visité et admiré le Dôme, il faut aller voir l'église San Ambrogio (Saint-Ambroise) qui fut fondée en l'an 387 par le saint archevêque dont elle porte le nom.

A notre humble avis, c'est moins une église qu'un musée. La principale curiosité de cette église est le devant du maître-autel, qui est tout en or massif. Ce chef-d'œuvre d'orfévrerie fut donné à l'église, en l'an 835, par l'archevêque Pusterla.

Le sacristain qui nous guide, nous dit que cette église est célèbre dans les fastes de la chrétienté parce que saint Augustin y abjura ses erreurs, et que saint Ambroise repoussa de son seuil l'empereur Théodose qui, après les massacres de Thessalonique, voulait y entrer pour faire ses dévotions, etc., etc.

Au milieu de la grande nef on remarque un serpent de bronze, prêt à siffler et enroulé autour d'une colonne. Le sacristain nous dit que le peuple croit que ce serpent est celui qu'éleva jadis Moïse et qu'il doit siffler lorsque la fin du monde sera arrivée.

— Il ne sifflera pas de longtemps alors, ai-je dit au sacristain.

— *Non so*, m'a-t-il répliqué avec un air de mécontentement manifeste!...

Pas de chance, mon sacristain était du peuple!...

On voit aussi dans une chapelle latérale, le siége de marbre des premiers évèques de Milan.

San Ambrogio est une église excessivement riche; elle appartient, paraît-il, à quelques nobles familles de Milan, qui entretiennent à leurs frais le clergé qui dessert cette basilique.

Nous avons visité le palais royal; il ne vaut pas certainement le palais de Turin.

Après le palais royal, notre guide nous conduit au palais Brera, où se trouve le musée, une des curiosités artistiques de Milan.

L'entrée de ce palais est vraiment monumentale. Au milieu de la grande cour se dresse une statue colossale de Napoléon Ier, *représenté nu* et tenant une victoire et un sceptre à la main. Cette remarquable statue est due au ciseau du célèbre sculpteur Canova.

La galerie des tableaux occupe quinze salles. Les toiles les plus estimées sont le *Saint Jérôme dans le désert*, du Titien ; la *Vierge et l'enfant*, de Van Dyck ; la *Lapidation de saint Etienne*, du Tintoret ; *Saint Marc à Alexandrie*, de Bellini (pas l'auteur de la *Norma*) ; *Abraham chassant Agar*, du Guerchin ; un *Portrait de femme*, de Rembrandt ; un *Moine endormi*, peinture fort réaliste de Velasquez ; le *Mariage de la Vierge*, de Raphaël, ce tableau a été acheté cinquante-cinq mille francs par le musée ; les *Ames du purgatoire*, par Salvator Rosa, etc., etc...

Après le musée Brera, nous allons visiter la bibliothèque ambroisienne qui contient environ cent trente mille volumes et quinze mille manuscrits.

Dans la salle des manuscrits, nous avons vu le Virgile copié et annoté par Pétrarque !... une lettre de Lucrèce Borgia au cardinal Bembo, lettre qui est accompagnée d'une boucle des cheveux blonds de cette princesse que l'histoire a qualifiée d'empoisonneuse et de cruelle. — La boucle de cheveux prouverait que l'épithète de *cruelle* n'était pas méritée !...

Nous ne pouvions quitter Milan sans voir le célèbre théâtre de la Scala qui n'a, dit-on, de rival, que celui de Saint-Charles, à Naples. — Un nom de saint à un théâtre ! Quelle ironie !...

Ce théâtre a été bâti en 1778. La salle est admirablement décorée. Il y a cinq rangs de loges. — Nous recommandons aux voyageurs qui, comme nous, iront à ce théâtre pour entendre les chanteurs et l'orchestre, de se placer au milieu des fauteuils ou tout au moins à une distance respectable des loges ! Nous étions allés au théâtre pour entendre l'opéra *Cinq-Mars*, de Gounod, et nous n'avons entendu que le caquetage agaçant des nobles dames qui fréquentent les loges... Si au moins, comme consolation, nous avions compris quelque chose à ce caquetage... Mais hélas !...

Nous partons demain de Milan, nous retournons en France.

XIII

SAVONE

———

Retourner d'une seule traite de Milan à Toulon eut été vraiment trop fatigant; aussi nous décidâmes-nous à nous arrêter à Savone.

Nous partîmes donc de Milan à sept heures et demie du matin, et nous arrivâmes à Savone vers les trois heures du soir.

Savone est une ville fort ancienne, qui, jadis, fit un grand commerce. La République de Gênes s'alarma de la concurrence que commençait à lui faire sa voisine et lui déclara brusquement la guerre. Savone fut vaincue — cela va sans dire — et la République génoise triomphante fit combler son port. Moyen énergique d'empêcher, pour l'avenir, toute reprise de concurrence.

La cathédrale de Savone date de l'an 1604. Cet

édifice, bruni et rongé par le temps, a un aspect grandiose et profondément religieux, au contraire de toutes les basiliques italiennes qui, par leurs dorures, ressemblent plutôt à des salles de spectacle.

L'église de Saint-Dominique possède un triptyque d'Albert Durer. C'est une *Adoration des Mages* qu'on porta à Paris en 1797 ou 1798.

Le soir, le théâtre Chiabrera jouait *il Trovatore*. La troupe est un peu plus mauvaise que celle de Toulon. Les officiers de la garnison, qui est fort nombreuse, formaient le quart des spectateurs et applaudissaient à tout rompre, le trovatore *Manrico*.

Savone est certainement cent fois au-dessus de Fréjus, mais nous le quittons sans regret.

XIV

MONTE-CARLO

Après avoir déjeuné à la gare de Vintimille et
bu une seconde bouteille de ce divin nectar dont
je vous ai déjà parlé, mais que je ne vous recom-
manderai jamais assez, le *vino santo*, nous
descendons à Monte-Carlo, avec l'intention bien
arrêtée de regagner l'argent que nous avons
dépensé pendant notre voyage !...

Qui ne connaît pas Monte-Carlo ?... Ce rocher
abrupte sur lequel un homme de génie a élevé un
véritable palais, entouré de jardins magnifiques,
où les plantes exotiques poussent avec une remarquable vigueur.

Qui n'y a pas laissé cent sous ! Vingt mille
francs ! Sa fortune ! ...

Informez-vous plutôt des noms des malheureux

qui se jettent du haut de ces magnifiques terrasses, et qui vont s'aplatir sur les rochers qui bordent la mer !... Demandez-le, si vous le préférez, à ces nombreux oliviers qui portent si souvent comme fruits ces cadavres d'hommes jeunes ; la veille encore si pleins de sève !..

Et cependant, Monte-Carlo regorge d'étrangers !...

La même foule bigarrée et cosmopolite circule autour des tables de trente et quarante et de la roulette !

Le jeu doit être une bien cruelle passion !

Nous étions entrés dans la salle de jeu avec l'intention bien arrêtée de gagner notre voyage... La vue de tous ces gens, dont la figure ruisselait de sueur ; de ces mains s'allongeant frénétiquement pour ramasser et compter les piles d'or que le croupier leur envoyait avec une suprême insouciance ; de ces yeux, suivant avec un morne désespoir les amas de billets de banque, que le même croupier, avec la même insouciance, attirait automatiquement vers lui ; tout cela, dis-je, nous navra, nous écœura tellement que, remettant dans notre porte-monnaie le louis que nous en avions extrait, nous sortîmes immédiatement de cet enfer mondain, et dédaignant le concert choisi qu'un orchestre d'élite commençait à exécuter dans un salon voisin, nous regagnâmes au plus vite la gare et nous nous jetâmes dans un train qui filait sur Nice !...

O lecteurs du *Journal de Brignoles*, mes amis, faites comme nous, allez admirer les splendeurs et les merveilles de Monte-Carlo... mais n'y laissez pas votre argent.

C'est la grâce que je vous souhaite.

XV

NICE

Qui ne connaît pas Nice !... Qui n'y est pas au moins allé une fois ?...

Nice est le but de promenade de tous les Provençaux. Il est d'usage d'aller y passer les trois derniers jours du carnaval !...

Donc, il est parfaitement inutile que je vous fasse une longue description de cette ville du *cosmopolitisme*, si toutefois ce mot original a été jugé français par notre docte Académie des quarante.

Nice a environ cinquante-cinq mille habitants. Elle fut fondée par les Phocéens. Elle appartint à la France, au royaume de Sardaigne. Elle nous appartient encore depuis le traité de 1860.

La municipalité de Nice, en administration désireuse d'apporter toutes les améliorations nécessaires à l'avenir de la ville, n'a pas hésité à sacrifier des sommes très-importantes, destinées à créer des jardins, à percer des rues, à élever des monuments, en un mot à embellir, à rajeunir, à renouveler la ville et, par cela même, à contribuer à rendre, toutes les années, plus grand le nombre des étrangers qui ont choisi cette résidence pour y passer l'hiver.

Nous devons déclarer, en toute franchise, que la municipalité de Nice a réussi dans ses projets, au delà de ses désirs!...

Comme ville d'hiver, Nice ne nous a pas paru mériter la grande faveur que lui accordent les étrangers. Il y fait froid comme sur tout le littoral de la Provence et les variations barométriques y sont aussi brusques, aussi grandes et aussi inattendues qu'à Toulon, par exemple!... Je vous accorde que le mistral n'y souffle pas de première volée!... Non, évidemment, mais il y passe cependant avec assez de violence, à tel point, qu'un étranger qui marchait à quelques pas devant moi, en traversant le Pont-Neuf, murmura, tout en s'enveloppant plus étroitement dans son *ulster*, cette phrase que nous livrons textuellement à nos lecteurs :

— Il ne fait pas froid à Nice, non !...

Nice est la patrie de Masséna, qui fut le compagnon d'armes de Napoléon Ier, et de Garibaldi, ce patriote qui contribua à faire l'unité de l'Italie.. Ne serait-ce que par son expédition des Mille !

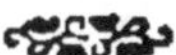

XVI

CANNES

———

Nous n'avons pas voulu rentrer à Toulon sans nous arrêter au moins deux heures à Cannes.

La vieille ville de Cannes par elle-même n'a rien de remarquable. C'est la nouvelle ville, qu'habitent les étrangers, qui doit attirer les pas des touristes.

Cette nouvelle ville ne se compose, du reste, que d'une longue file de villas, de maisons de campagne dont la construction est au moins bizarre, quelquefois même de fort mauvais goût!... Cela plaît ainsi, parait-il, aux riches étrangers que le climat de cette ville attire.

En face de Cannes, sont les îles de Lerins.

C'est là que résidèrent, à cent cinquante ans de distance, l'homme au masque de fer, qui ne put jamais s'évader, et un ex-maréchal de France qui, lui, s'évada facilement!...

XVII

LE RETOUR

Où peut-on être mieux qu'au sein de sa famille. — Notre
conclusion. — Egoïstes quand même.

———

Enfin ! nous revoici dans notre bonne ville de
Toulon, après quinze jours d'absence !...

Les voyages sont charmants, je le reconnais,
mais le *chez soi* est bien meilleur !... et c'est avec
un véritable plaisir que je me retrouve dans mon
modeste cabinet de travail.

En somme, nous n'avons pas à nous plaindre de
notre excursion chez nos voisins. L'hospitalité y
est aussi écossaise que celle du Dickson de la
Dame Blanche... Un peu plus chère cependant !...
Mais quand on est jeune, et qu'on voyage à deux,
on ne pense guère aux économies et on paye
volontiers le double sans murmurer.

De ce voyage, nous avons tiré comme conclusion : que l'Italie est un pays magnifique, que la

végétation y est splendide, que le marbre y abonde, que c'est là que l'art a pris naissance..., mais que, malgré toutes les richesses que la nature y a accumulées, c'est un pays parfaitement pauvre, où les mendiants vous suivent avec une avidité qui tient du délire !...

Il n'est pas étonnant, du reste, qu'un Français ne trouve rien de bien, hors de son pays !...

Nous sommes trop égoïstes, mes frères, et en effet, le Français n'a-t-il pas, dans son pays, tout ce qu'il peut désirer ? La France n'est-elle pas le rendez-vous choisi de tous les peuples... lors même que quelques-uns de ces peuples se piquent d'être nos plus dangereux ennemis.

Pourquoi donc, ayant chez nous les plus merveilleuses beautés de la nature, les séductions les plus agréables du monde, pourquoi donc, je vous le demande, serions-nous tentés de les chercher et surtout de les trouver à l'étranger !...

TABLE

9 782013 429528